Meine
Lieblings-
märchen

Inhalt

Schneewittchen 5

Daumesdick 17

Rotkäppchen 29

Der gestiefelte Kater 41

Der Froschkönig 53

2

Die Prinzessin auf der Erbse 65

Das hässliche Entlein 77

Die kleine Meerjungfrau 89

Der Schneemann 101

Rapunzel 111

Schneewittchen

Gebrüder Grimm

Es war einmal mitten im Winter, die Schneeflocken fielen langsam vom Himmel herab, als eine Königin am Fenster saß und nähte.

Sie war so verzaubert vom Wirbel der Flocken, dass sie einen Augenblick unaufmerksam war und sich in den Finger stach.

Drei Tropfen Blut fielen in den Schnee. Die Königin fand das Rote im weißen Schnee

Wenige Monate später gebar sie ein Töchterlein, dessen Haut war so weiß wie Schnee, dessen Lippen waren

so schön, dass sie dachte: Oh, hätte ich ein Kind so weiß wie Schnee, so rot wie Blut und so schwarz wie Ebenholz!

 6

so rot wie Blut und dessen Haare waren so schwarz wie Ebenholz und darum ward es Schneewittchen genannt. Die Königin erkrankte kurz darauf schwer und starb schließlich.

Der König beschloss, wieder zu heiraten. Seine zweite Gemahlin war von bezaubernder Schönheit, doch war sie stolz und böse und ertrug nicht einmal den Gedanken, jemand auf der Welt könne schöner sein als sie. Sie besaß einen wunderbaren Spiegel, den sie jeden Tag befragte:

„Spieglein, Spieglein an der Wand, wer ist die Schönste im ganzen Land?" Und der Spiegel antwortete: „Frau Königin, Ihr seid die Schönste im ganzen Land."

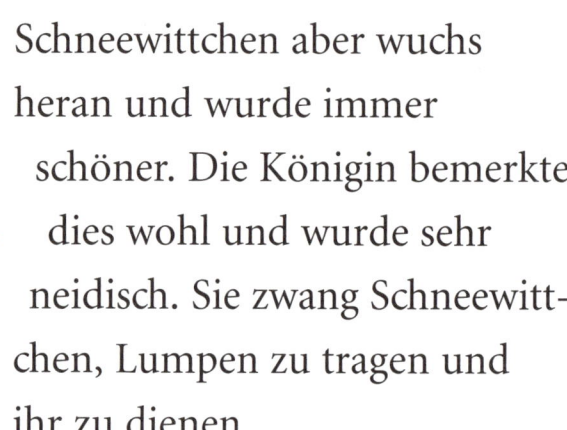

Schneewittchen aber wuchs heran und wurde immer schöner. Die Königin bemerkte dies wohl und wurde sehr neidisch. Sie zwang Schneewittchen, Lumpen zu tragen und ihr zu dienen.

Die kleine, stolze Prinzessin ertrug dies ohne Jammern und Klagen, sie war immer freundlich und lächelte stets.

Eines Tages vertraute das Mädchen ihren Freundinnen, den Tauben, seinen größten Wunsch an. Es wolle so gern dem Mann seines Lebens begegnen. Die Täubchen führten es zu einem Zauberbrunnen, in diesen sollte Schneewittchen seinen Wunsch sprechen. Würde es dann das Echo seiner Worte hören, werde sich der Wunsch erfüllen.

Schneewittchen sagte also
zu dem Brunnen: „Ich würde
so gern einen Mann finden,
der mich liebt!" Das Echo
erwiderte die Worte sofort und
aus dem Wasser des Brunnens
stieg ein wunderschöner Prinz
auf einem schwarzen Pferd.
Der Prinz war von Schneewitt-
chens Schönheit wie verzaubert
und konnte den Blick nicht
von ihr wenden.

Die Königin hatte alles im Verborgenen beobachtet und bebte vor Zorn und Wut. Sie rannte zu ihrem Spiegel und fragte: „Spieglein, Spieglein an der Wand, wer ist die Schönste im ganzen Land?" Und der Spiegel antwortete: „Frau Königin, Ihr seid die Schönste hier, aber Schneewittchen ist tausendmal schöner als Ihr."

Die Königin erschrak darüber und wurde gelb und grün vor Neid. Sie rief einen Jäger und befahl ihm, Schneewittchen in den Wald zu führen und zu töten. Als Wahrzeichen forderte sie Lunge und Leber des Kindes.

Der Jäger führte Schneewittchen in den Wald, jedoch hatte er Mitleid mit ihr und brachte es nicht über das Herz, sie zu töten. Er sagte stattdessen zu Schneewittchen, sie solle sich verstecken und brachte der bösen Königin Lunge und Leber eines Frischlings mit. Das arme Kind aber hatte große Angst und lief, solange es die Füße nur trugen. Endlich kam es an ein kleines Haus. Voller Neugier trat es ein, um

etwas zu ruhen. In dem Häus-
chen war alles klein. Da stand
ein weiß gedecktes Tischlein mit
sieben kleinen Tellern, jedes
Tellerlein mit seinem Löffelein,

ferner sieben Messerlein und
Gäbelein und sieben Becherlein.
An der Wand waren sieben
Bettlein nebeneinander aufge-
stellt und schneeweiße Laken
darüber gedeckt. Schneewittchen,
weil sie so hungrig und durstig
war, aß von jedem Tellerlein ein
wenig Gemüse und Brot und
trank aus jedem Becherlein einen
Tropfen Wein, denn sie wollte

nicht einem alles wegnehmen.
Hernach, weil sie so müde war,
legte sie sich in ein Bettchen,
aber keins passte; das eine war zu
lang, das andere

zu kurz, bis endlich das siebente
recht war; und darin blieb sie
liegen und schlief ein.

Als es ganz dunkel wurde, kamen
die Bewohner des Hauses. Das
waren die sieben Zwerge, die
in den Bergen nach Erz hackten
und gruben. Als Schneewittchen

erwachte, erzählte sie den
Zwergen ihre Geschichte und
blieb fortan bei ihnen.
Eines Tages befragte jedoch die
gemeine Königin wieder ihren
Spiegel, wer die Schönste im
ganzen Lande sei. Und dieser
antwortete: „Frau Königin,

Ihr seid die Schönste hier, aber Schneewittchen über den Bergen bei den sieben Zwergen ist noch tausendmal schöner als Ihr."

Als sie den Spiegel so reden hörte, zitterte und bebte sie erneut vor Zorn und überlegte, wie sie Schneewittchen töten könnte. Sie ging in ihre Kammer und vergiftete einen Apfel. Dann verkleidete sie sich als Bauersfrau und ging über die Berge zu den sieben Zwergen.

Als Schneewittchen von dem Apfel kostete, fiel sie in einen tiefen Schlaf. Nur ein Kuss der Liebe konnte sie wieder zum Leben erwecken.

Die Königin kehrte zufrieden nach Hause zurück, in der festen Gewissheit, Schneewittchen sei gestorben. Als die Zwerglein abends nach Hause kamen und das Kindlein sahen, weinten sie sehr. Sie legten es in einen gläsernen Sarg und bewachten es. Eines Tages hörte der wunderschöne Prinz mit dem schwarzen Pferd von dem schlafenden Mädchen und fragte sich, ob es nicht dasselbe sei, das er vor langer Zeit am Brunnen getroffen hatte.

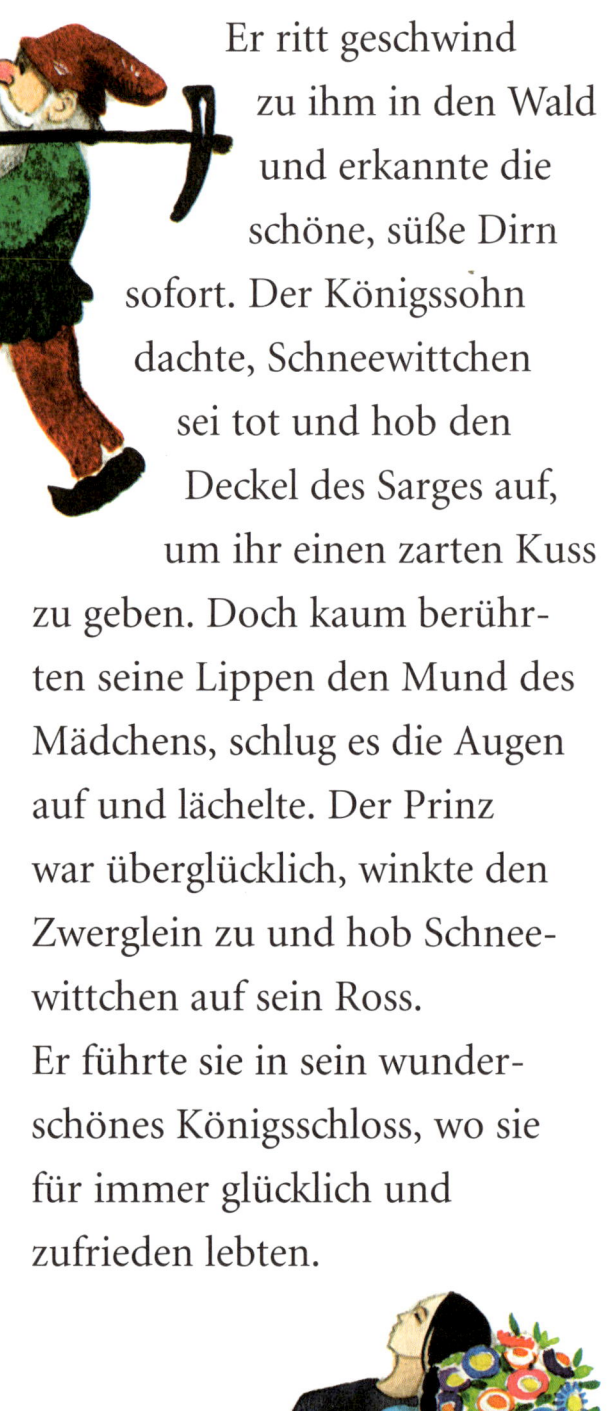

Er ritt geschwind zu ihm in den Wald und erkannte die schöne, süße Dirn sofort. Der Königssohn dachte, Schneewittchen sei tot und hob den Deckel des Sarges auf, um ihr einen zarten Kuss zu geben. Doch kaum berührten seine Lippen den Mund des Mädchens, schlug es die Augen auf und lächelte. Der Prinz war überglücklich, winkte den Zwerglein zu und hob Schneewittchen auf sein Ross. Er führte sie in sein wunderschönes Königsschloss, wo sie für immer glücklich und zufrieden lebten.

Daumesdick

Gebrüder Grimm

An einem kalten Winterabend
sprach ein armer Bauer zu seiner
Gemahlin: „Ach, wie gerne hätte ich
doch Kinder. Es ist so still bei uns
im Haus." „Das stimmt", seufzte
die Frau ganz traurig, „auch ich
wünsche mir so sehr einen Sohn,
auch wenn er nur so groß wie
ein Daumen sein sollte."

Wenige Monate später gebar die Frau einen Sohn, der nicht länger als ein Daumen war und deshalb Daumesdick genannt wurde. Obwohl es ihm nicht an Nahrung fehlte, wollte er nicht wachsen. Doch erwies er sich als kluges und verständiges Kind, dem alles glückte, was es auch anfing.

Eines Tages wollte der Bauer in den Wald fahren, um Holz zu machen. Daumesdick bot sich an, ihn mit dem Karren abzuholen, doch der Vater lachte nur: „Mein Sohn, du bist viel zu klein, um die Pferde mit dem Zügel lenken zu können."

Doch das Kind antwortete: „Mach dir keine Gedanken, Vater, ich setze mich in das Ohr des Tieres und flüstere ihm ein, wo es hingehen soll."

Und so geschah es.

Das Pferd ließ sich führen, als säße ein Kutscher auf dem Karren. An der Straße standen zwei Fremde. „Sieh mal", sagte der eine erstaunt zum anderen, „dieses Pferd wird von einem Unsichtbaren geführt."

Die beiden beschlossen, dem Karren zu folgen, um das Geheimnis zu lüften. Als Daumesdick bei seinem Vater ankam, hielt dieser das Pferd mit der linken Hand und zog mit der rechten das Ohr des Tieres herunter. Der Sohn schlüpfte heraus. Die zwei Fremden erstaunte dies sehr und sie baten den Bauern, ihnen das Kind zu verkaufen. Sie würden es auch immer gut behandeln. Doch der Bauer war empört und weigerte sich, ihnen Daumesdick zu überlassen.

Dieser jedoch war auf die Schultern
seines Vaters geklettert und
flüsterte ihm ins Ohr:
„Vater, verkauf mich ruhig,
ich komme bald zurück."
So verkaufte der Bauer
seinen Sohn an die
Fremden für eine
Goldmünze.

Einer der beiden Männer setzte
Daumesdick in seine Hutkrempe und
begann zu laufen. Er lief und lief
und trug das kleine Menschlein die ganze
Zeit bei sich. Plötzlich fing Daumesdick an zu schreien:
„Hebt mich einmal herunter, ich muss mal!"

Der Mann half dem Jungen abzusteigen und dieser hüpfte übers Feld, bis er sich in ein Mauseloch fallen ließ.

„Auf Wiedersehen, meine Herren", brüllte er, „geht ruhig weiter ohne mich, ich bleibe hier." Die Männer waren verärgert und versuchten, ihn mit Stöcken aus seinem Mauseloch zu treiben, doch Daumesdick hatte sich gut versteckt. Als die beiden endlich verschwanden, kroch er aus dem Loch und suchte Schutz in einem Schneckenhaus.

Als er kurz vorm Einschlafen war, hörte er, wie zwei Männer an ihm vorübergingen. Der eine sagte zu dem anderen: „Wie können wir nur an das Gold und Silber des Pfarrers herankommen?" „Ich kann euch helfen", rief Daumesdick. „Wer hat denn da gesprochen?", wunderten sich die Männer, „wir sehen niemanden!" „Guckt auf die Erde, da bin ich", antwortete das Kind. Als die Männer Daumesdick erblickten, begannen sie zu lachen.

„Du?", fragten sie, „du Winzling willst uns helfen? Wie soll das geschehen?" Daumesdick antwortete: „Ich zwänge mich durch das Fenstergitter des Pfarrers und reiche euch das Gold heraus." Die Diebe waren einverstanden. Kaum befand Daumesdick sich in der Stube des Pfarrhauses brüllte er so laut, dass es alle hören konnten: „Was wollt ihr? Was soll ich holen?" Die Diebe erschraken: „Sei nicht so laut, der Pfarrer erwacht!"

Daumesdick tat so, als hätte er sie nicht verstanden und schrie aus Leibeskräften: „Also, was wollt ihr?" Diese Worte hörte das Dienstmädchen. Die Diebe flüsterten nun ganz leise: „Höre auf, uns zu ärgern und lange uns etwas heraus!" – „Ich will euch ja alles geben, reicht mir die Hände", schrie Daumesdick noch einmal. Jetzt sprang das Dienstmädchen aus seinem Bett und verscheuchte die Diebe. Daumesdick versteckte sich im Heuboden. Am nächsten Morgen kam die Magd, um die Kühe zu füttern. Sie erwischte genau den Heuballen, in dem der Winzling schlief und so verschwand das arme Kind im Magen der Kuh.

Entsetzt rief es: „Aber in dieses Zimmer kommt ja überhaupt keine Sonne herein, die haben wohl die Fenster vergessen!

Hier gefällt es mir überhaupt nicht. Hilfe! Ich will raus hier, es wird immer enger!

Gebt mir kein Heu mehr, ich mag kein Heu mehr!" Als das Dienstmädchen diese Worte hörte, war es so erstaunt, dass es rückwärts vom Schemel fiel und die Milch verschüttete. Verwirrt rannte es zu seinem Herrn: „Kommen Sie schnell, Hochwürden, die Kuh hat gesprochen!" Der Pfarrer schaute etwas ungläubig, eilte jedoch zum Stall, um nachzusehen, was geschehen war.

Kaum war er eingetreten, hörte auch er die Stimme Daumesdicks: „Gebt mir kein Heu mehr, ich mag kein Heu mehr!" Der Pfarrer wunderte sich und dachte, ein böser Geist sei in die Kuh gefahren. Und so ließ er sie töten. 
Die Kuh wurde geschlachtet und ihr Magen mit Daumesdick in

den Abfall geworfen. In diesem Moment kam ein großer Wolf, der den Magen mit einem einzigen Happen verschlang. Daumesdick, der sofort verstand, was passiert war, rief aus dem Bauch des Tieres: „Lieber Wolf, weißt du, wo du immer ausreichend Futter bekommen kannst?"
„Na, wo denn?", fragte dieser.

Daumesdick beschrieb ihm den Weg zum Hause seiner Eltern. Der Wolf schlüpfte in der Nacht durch ein Loch in der Wand in die Speisekammer der Eltern des Kindes und fraß sich dick und satt. Als er fertig war, war er so rund und träge, dass es ihm nicht gelang, die Kammer auf demselben Weg wieder zu verlassen.

Daumesdick begann, nach seinen Eltern zu rufen. Als diese erwachten, rannten sie sofort zur Speisekammer und sahen den Wolf. „Ein Wolf!", sagte der Vater.

Als Daumesdick die Stimme seines Vaters hörte, rief er glücklich: „Ich bin's, dein Sohn, ich bin im Bauch des Tieres!" Der Vater schlug dem Wolf auf den Kopf und tötete ihn. Dann schnitt er ihm den Bauch auf, um seinen Sohn zu befreien. „Wie sehr wir uns Sorgen um dich gemacht haben", sagte er.

„Wo warst du, mein Sohn?" „Ich war in einem Mauseloch, im Magen einer Kuh und im Bauch eines Wolfes …", antwortete Daumesdick, „aber jetzt bleibe ich für immer bei euch." – „Und wir werden dich nie mehr verkaufen", versprachen die glücklichen Eltern.

Rotkäppchen

Gebrüder Grimm

Es war einmal ein süßes kleines
Mädchen, das lebte in einem Dorf in
der Nähe des Waldes. Jedermann,
der es nur ansah, hatte es lieb. Es hing
sehr an seiner Mutter, doch besonders
auch an seiner Großmutter.

Die Großmutter wollte dem Mädchen eine Freude bereiten, nahm ein Stück roten Samt und nähte ihm ein hübsches Käppchen daraus.

„Dieses Käppchen", sagte die Großmutter, „wird dich vor dem Regen beschützen und so kannst du mich auch bei schlechtem Wetter besuchen." Das Mädchen war darüber sehr erfreut und bedankte sich bei seiner Großmutter.

Tag für Tag trug es nun das rote Käppchen und die Bewohner des Dorfes nannten es deshalb „Rotkäppchen".

Eines Tages erkrankte die Groß-mutter schwer. Die Mutter backte einen Kuchen und sagte zu Rotkäppchen: „Hier, nimm diesen Korb und bring ihn der Großmutter, sie soll sich daran stärken. Du wirst sehen, dass es ihr danach besser gehen wird, auch deine Gesellschaft wird ihr gefallen. Doch denke daran, nicht vom Weg abzuweichen, bleibe nicht stehen und sprich mit niemandem!" Rotkäppchen nickte und machte sich auf den Weg. Doch schon bald erinnerte sie sich nicht mehr an das Ver-sprechen, das sie der Mutter gegeben hatte und machte Rast, um mit den Schmetter-lingen und den anderen Tieren des Waldes zu spielen.

Langsam ging die Sonne unter und Rotkäppchen dachte an die Worte der Mutter.
Sie fürchtete sich ein wenig, als die
Dämmerung hereinbrach.
Plötzlich tauchte ein Wolf auf
und sagte: „Hallo, mein schönes Kind." – „Guten Tag, Herr
Wolf", entgegnete Rotkäppchen unerschrocken. „Wohin
des Wegs?"

„Ich gehe zu meiner Großmutter, sie liegt krank und schwach
im Bett."
„Und was trägst du Schönes in
deinem Korb?", fragte der Wolf.
„Ich bringe der Großmutter
zur Stärkung Kuchen von
meiner Mutter."

Während Rotkäppchen mit
ihm sprach, dachte der Wolf:
„Dieses Mädchen wäre ein
Leckerbissen, am liebsten

würde ich es sofort verspeisen,
doch habe ich Angst, ein Jäger
könnte es schreien hören und
ihm zu Hilfe eilen.
Es ist besser, ein ruhiges Plätz-
chen für die Mahlzeit zu suchen.
Und außerdem könnte ich
so noch die Großmutter fressen
und mich über den leckeren
Kuchen aus dem Korb her-
machen."

So ließ sich der heimtückische Wolf den Weg zum Hause der Großmutter genau erklären. Dann fragte er: „Sag mal, mein liebes Kind, mag deine Großmutter eigentlich Blumen?" „Aber natürlich mag sie Blumen", antwortete das Mädchen, „auf ihrem Tisch steht immer eine Vase." „Dann wird sie sich gewiss besonders freuen, wenn du ihr einen bunten Strauß pflückst", redete das Tier dem Kind ein.

Rotkäppchen ließ sich schnell
vom bösen Wolf überzeugen und
fing an, der Großmutter einen
wunderschönen Strauß zu pflü-
cken. Dabei kam sie immer
weiter vom Weg ab. Der Wolf
lief unterdessen schnurstracks
zum Haus der Kranken und
klopfte an die Tür. „Wer ist da?",
fragte die alte Dame. „Ich bin's,
dein Rotkäppchen", antwortete
der Wolf mit verstellter Stimme,
„öffne mir bitte die Tür."

„Mein liebes Kind", antwortete die Großmutter, „wie sehr freue ich mich über deinen Besuch, die Tür ist nicht verschlossen, komm nur herein." Der Wolf ging in die Kammer und verschlang die Großmutter mit einem einzigen Bissen. Danach schlüpfte er in ihre Kleider, setzte ihre Haube auf und legte sich ins Bett, um auf Rotkäppchen zu warten.

Das Mädchen hatte in der Zwischenzeit einen hübschen Strauß gesammelt und kam damit nun zum Haus der Großmutter. Es klopfte an die Türe und rief: „Ich bin es, Großmutter, dein geliebtes Rotkäppchen, darf ich eintreten?"

Und der Wolf antwortete mit

verstellter Stimme: „Komm nur herein, mein liebes Kind, die Tür ist offen."

Das Mädchen näherte sich dem Bett, betrachtete den Wolf und fragte erstaunt: „Aber Großmutter, warum hast du so große Ohren?"

„Damit ich dich besser hören kann", erklang es aus dem Bett. „Aber Großmutter, was hast du für große Augen?" – „Damit ich dich besser sehen kann!" „Aber Großmutter, was hast du für einen entsetzlich großen Mund?" „Damit ich dich besser fressen kann!" Mit diesen Worten sprang der Wolf aus dem Bett und verschlang das Mädchen.

Danach wurde er müde und legte sich
ins Bett der Großmutter, um ein kleines
Nickerchen zu machen. Er fiel sofort
in einen tiefen Schlaf und begann,
fürchterlich zu schnarchen.

Er schnarchte so laut, dass es
ein Jäger hörte, der in der Nähe
des Hauses vorüberging.
„Wie laut die Großmutter doch
schnarcht", wunderte er sich.
„Ich will einmal bei ihr nach dem
Rechten sehen." Der Jägers-
mann betrat das Haus und erblickte den Wolf:
„Endlich hab ich dich, du wider-
licher Halunke", rief er aus und
lud sein Gewehr. Dann fiel ihm
glücklicherweise ein, dass das
Tier die Großmutter gefressen
haben könnte und so nahm er
eine Schere und schnitt
ihm den Bauch auf.

Sofort sprangen Rotkäppchen
und die Großmutter heraus,
völlig unverletzt. „Danke, vielen
Dank!", stammelte das Mädchen.
„Im Bauch war es so dunkel
und ich hatte so große Angst!"
Dann gingen sie los, Wacker-
steine zu suchen, mit denen sie
den Bauch des bösen
Tieres füllten.

Die Großmutter nähte den
Schnitt mit ein paar Stichen zu
und als der Wolf erwachte und
versuchte aufzustehen, fiel er
sofort zu Boden und war tot.

Die drei begannen vor Freude zu tanzen und zu springen. Der Jäger zog dem Wolf das Fell ab, um sich einen hübschen Pelz anfertigen zu lassen. Die Großmutter aß mit Genuss den Kuchen, den Rotkäppchen ihr mitgebracht hatte.

Rotkäppchen wiederum hatte wohl ihre Lektion gelernt und gelobte, den Worten der Mutter nun immer zu gehorchen und nie mehr vom Wege abzugehen oder mit Fremden zu sprechen.

Der gestiefelte Kater

Gebrüder Grimm

Es war einmal ein armer Müller,
der lebte in einem kleinen Dorf mit
seinen drei Söhnen. Sein ganzes
Geld hatte er für diese ausgegeben
und besaß nunmehr nur noch
seine Mühle, einen Esel und
eine graue Katze.

Da er sehr alt war, rief er eines Tages seine Söhne zu sich und sprach zu ihnen: „Meine Kinder, ich möchte meinen Besitz unter euch aufteilen. Der Älteste soll meine Mühle

bekommen, der Mittlere den Esel und dem Jüngsten hinterlasse ich die Katze." Kurz darauf verstarb er und der Sohn, der die Katze bekommen hatte, war ziemlich traurig und wütend und fragte sich, was er mit ihr anfangen könne.

„Diese Katze könnte ich entweder aufessen oder mir ein hübsches Paar Pelzhandschuhe anfertigen lassen", sprach er mit neidischen Blicken auf seine Brüder.

Das Tier verstand all diese Worte und sagte leidenschaftlich: „Höre, mein Herr, ich werde dir helfen. Kaufe mir nur ein paar lederne Stiefel, einen Hut mit einer Feder und einen festen Sack. Vertraue mir!" Der Junge verstand nicht so recht, was der Kater mit all diesen seltsamen Dingen anfangen wollte, doch um ihm eine Freude zu bereiten, willigte er ein. Das Tier zog die Stiefel an, setzte den Hut auf und marschierte mit dem Sack in den Wald, wo es ein großes Kaninchen fing. Dieses brachte es zum König. Der König wunderte sich ob seines seltsamen Aufzuges. „Was möchtest du?", fragte er.

„Ich bringe euch ein Geschenk von meinem Herrn, dem Marquis von Carabas", antwortete der Kater. „Auch wenn ich ihn nicht kenne", sagte der König, „richte ihm bitte meinen aufrichtigen Dank aus!"

Der gestiefelte Kater fuhr fort, dem König Geschenke des Marquis von Carabas zu bringen und der König wünschte sich immer mehr, diesen einmal kennen zu lernen. Eines Tages hörte der Kater, dass der König und seine Tochter eine Spazierfahrt in der Kutsche längs des Flusses planten.

Er flitzte sofort zu seinem Herrn und sprach: „Morgen begibst du dich zum Fluss und wirst dort ein Bad nehmen, wo ich es dir zeige. Du wirst sehr, sehr reich werden!"

Als am darauf folgenden Tag die Kutsche des Königs am Flussufer entlangfuhr, sprang der Kater schreiend umher: „Hilfe! Hilfe! Sie haben den Marquis von Carabas ausgeraubt! Sie haben ihn ausgezogen und in den Fluss geworfen! Hiiilfe!" Der König ließ sofort die Kutsche anhalten und befahl den Wächtern, den Marquis zu retten. Danach gab er ihm neue, elegante Kleider und lud ihn zu sich in die Kutsche.

In der Zwischenzeit war der schlaue Kater vorausgeeilt und sagte zu allen Bauern, die er längs des Weges traf: „Der König wird gleich hier vorbeikommen und wenn er euch fragt, wem diese Felder gehören, so antwortet ihr ihm, sie sind die des Marquis von Carabas. Wenn nicht, so wird euch dies Leid tun!" Und so geschah es. In Wirklichkeit gehörten die Felder einem widerlichen Zauberer, der in einem nahen Schloss wohnte.

Der Kater eilte zum Schloss, wo er mit bösen Blicken empfangen wurde. „Was erlaubst du dir, hier einfach so einzudringen? Du bist nicht geladen", sprach der Magier finster. „Mächtiger Herr", antwortete das Tier, „ich habe gehört, Ihr könnt Euch in jedes Tier nach Belieben verwandeln und deshalb bin ich gekommen, um mich selbst zu überzeugen."

Sofort stand ein gewaltiger, brüllender Löwe vor dem Kater, der listig fragte: „Aber könnt ihr Euch auch in ein winzig kleines Tierchen verwandeln?" Das Scheusal sprang im Nu als kleine Maus umher und die Katze fraß sie mit einem einzigen Bissen auf. In diesem Moment fuhr die Kutsche des Königs vor und der Kater öffnete lächelnd das Tor: „Herzlich willkommen im Schloss des Marquis von Carabas!" Der König war entzückt angesichts des prächtigen Gebäudes, das fast noch schöner war als sein eigenes und nahm die Einladung des Katers gerne an.

Die schöne Prinzessin betrachtete mit wachsender Bewunderung den jungen Marquis und fand das Schloss ganz zauberhaft.

Die Säle schimmerten und glänzten vor Gold und Edelsteinen, in einem war ein Tisch mit den köstlichsten Speisen gedeckt. Die drei setzten sich, verspeisten das Wild und kosteten von dem vorzüglichen Wein.

Just in jenem Augenblick wurde der König sich des verliebten Blickes gewahr, mit dem sein Töchterchen den Marquis bedachte. Dieser wiederum war fasziniert von ihrer Schönheit. „Mein lieber Marquis", säuselte er, „ich bemerke diese außergewöhnliche Anziehungskraft, die die Prinzessin auf Euch ausübt und würde mich sehr freuen, in Euch meinen künftigen Schwiegersohn sehen zu dürfen." Der gestiefelte Kater lächelte bei diesen Worten zufrieden in sich hinein.

Der Jüngling strahlte: „Majestät, welche Ehre für mich, Eure Tochter zur Gattin nehmen zu dürfen, ihr Liebreiz fiel mir vom ersten Moment unserer Begegnung ins Auge."

Auch die Prinzessin war ver-
zückt und so wurde die Hochzeit
für den nächsten Tag festgelegt.
Alle bedeutenden und wichtigen
Familien des Königreichs wurden in den prunkvollen Palast
eingeladen.

Um auch das Volk an den
Feierlichkeiten teilhaben zu
lassen, wurden auf den Straßen
Bankette errichtet und leckere
Speisen zubereitet.

So wurde der arme Müllersohn ein mächtiger und angesehener Prinz, der im ganzen Königreich beliebt war. Der gestiefelte Kater wurde verehrt wie ein Edelmann und hatte es nicht nötig, in den Wäldern nach Wild zu jagen.

Er arbeitete als persönlicher Berater des Königs.
Von Zeit zu Zeit fing er noch Mäuse, dies allerdings zum puren Zeitvertreib.

Der Froschkönig

Gebrüder Grimm

Vor langer, langer Zeit lebte
einmal ein König, der hatte drei
wunderschöne Töchter.
Die jüngste war so schön,
dass sich selbst die Sonne
verwunderte, wenn sie
ihr ins Gesicht schien.

Nahe bei dem Schloss war ein großer, dunkler Wald und mitten darin, unter einer Linde, ein Brunnen. Jeden Nachmittag ging die jüngste Prinzessin zu dem Brunnen und spielte dort mit ihrer goldenen Kugel.

Eines Tages fiel die Kugel nicht in ihr Händchen, sondern zu Boden und rollte ins Wasser. Sie verschwand in dem Brunnen, der so tief war, dass man keinen Grund sah. Da fing die Prinzessin an zu weinen und zu jammern.

Plötzlich ertönte eine Stimme: „Was hast du nur, Königstochter? Warum weinst du?" Sie sah sich um und erblickte einen Frosch, der seinen dicken, hässlichen Kopf aus dem Wasser streckte.

„Ich weine, weil meine goldene Kugel in den Brunnen gefallen ist." – „Sei still und klage nicht, ich kann wohl Rat schaffen", antwortete der Frosch und fügte dann hinzu: „Was gibst du mir dafür?"

Die Prinzessin antwortete: „Ich gebe dir meine Kleider, meine Edelsteine und meine goldene Krone." – „Tut mir Leid, diese Dinge interessieren mich nicht!", rief der Frosch. „Ich möchte dein Freund und Geselle sein, an deinem Tischlein neben dir sitzen, von deinem goldenen Tellerchen essen, aus deinem Becherlein trinken und in deinem Bettchen schlafen. Wenn du mir all dies versprichst, will ich hinuntersteigen und deine goldene Kugel holen."

„Gewiss, ich verspreche dir alles, was du willst, wenn du mir nur meine goldene Kugel wiederbringst." Bei sich aber dachte sie: Der einfältige Frosch mag schwätzen, was er will, er kann doch keines Menschen Geselle sein!

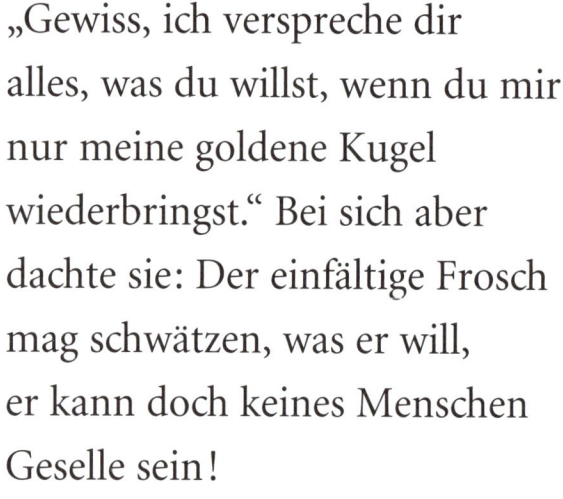

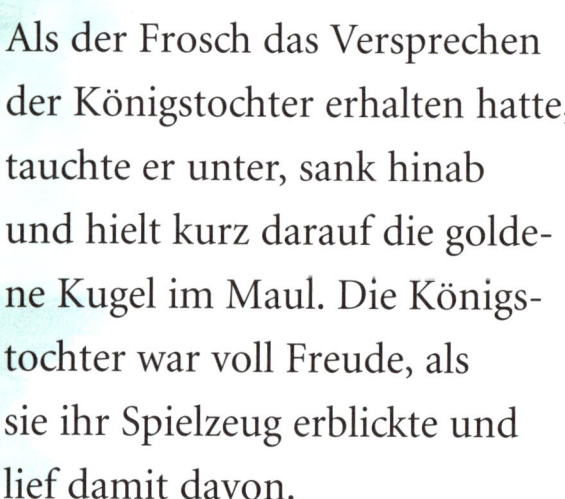

Als der Frosch das Versprechen der Königstochter erhalten hatte, tauchte er unter, sank hinab und hielt kurz darauf die goldene Kugel im Maul. Die Königstochter war voll Freude, als sie ihr Spielzeug erblickte und lief damit davon.

„Warte, warte!", rief der Frosch.
„Ich kann nicht so schnell laufen
wie du." Doch sie hörte nicht
darauf, lief nach Hause und hatte
ihr Versprechen vergessen.

Am darauf folgenden Tag, als
sie sich mit dem König und den
Hofleuten zu Tisch gesetzt hatte,
kam plitsch-platsch!, plitsch-
platsch! etwas die Marmortreppe
heraufgekrochen, klopfte an
die Tür und rief: „Königstochter,
jüngste, mach mir auf!"

Sie lief und wollte sehen, wer draußen
wäre. Als sie aber öffnete, saß der
Frosch vor der Tür. Da warf sie diese
hastig zu und setzte sich wieder an
den Tisch. Der König sah wohl, dass
sie ängstlich war und fragte: „Steht
etwa ein Riese vor der Tür und will
dich holen?" – „Ach, nein", antwortete sie, „es ist kein Riese, sondern
ein garstiger Frosch."

„Was will der Frosch von dir?", fragte der König verwundert. „Ach, lieber Vater, als ich gestern im Wald bei dem Brunnen saß und spielte, fiel meine goldene Kugel ins Wasser. Als ich deshalb weinte, hat sie mir der Frosch heraufgeholt. Und weil er es durchaus verlangte, versprach ich ihm, er sollte mein Spielgefährte werden. Ich dachte aber nimmermehr, dass er aus seinem Wasser käme. Nun ist er draußen und will zu mir herein." Da klopfte es zum zweiten Mal und eine Stimme rief: „Königstochter, jüngste, mach mir auf! Du hast es versprochen und musst dein Wort halten."

Da sagte der König: „Was du versprochen hast, musst du auch halten. Geh nur und mach ihm auf!" Sie ging und öffnete die Tür. Da hüpfte der Frosch herein und folgte ihr bis zu ihrem Stuhl. Dort blieb er sitzen und forderte: „Heb mich hinauf zu dir!" Sie zauderte, bis es der König befahl.

Als er da saß, sprach der Frosch: „Nun schieb mir dein goldenes Tellerlein näher, damit wir zusammen essen können." Sie gehorchte und der Frosch ließ es sich schmecken, doch ihr blieb fast jeder Bissen im Hals stecken, so sehr ekelte sie sich. Endlich sprach der Frosch: „Jetzt bin ich satt und müde, trag mich in dein Kämmerlein und mach mir dein seidenes Bettlein zurecht!"

Die Königstochter fing an zu weinen, sie wollte nicht mit dem kalten, hässlichen Frosch in ihrem schönen, reinen Bettlein schlafen.

Doch der König wurde zornig und sprach: „Wer dir geholfen hat, als du in Not warst, den sollst du auch nachher nicht verachten!" Da packte sie den Frosch mit zwei Fingern, trug ihn in ihr Kämmerlein und setzte ihn dort in eine Ecke. Als sie aber im Bette lag, kam er gekrochen und sprach: „Ich möchte in deinem Bettlein liegen, heb mich hinauf oder ich sag's deinem Vater!"

Da wurde die Prinzessin bitterböse,
holte ihn herauf und warf ihn gegen die
Wand. „Nun wirst du Ruhe geben,
du garstiger Frosch", sagte sie.

Doch als er herunterfiel, war er
gar kein Frosch mehr, sondern
ein wunderschöner Königssohn.
Er war von einer bösen Hexe
verwünscht worden und nur eine
Prinzessin konnte ihn von diesem Fluch erlösen.

Nach ihres Vaters Willen
wurde der Prinz nun ihr lieber
Gesell und Gemahl.
Und wirklich, am anderen
Morgen kam ein Wagen heran-
gefahren, mit acht weißen
Pferden bespannt,

gelenkt von Heinrich, dem
treuen Diener des jungen Königs.
Dieser hatte sich so gekränkt,
als sein Herr in einen Frosch ver-
wandelt worden war, dass er drei
eiserne Bänder um sein Herz
hatte legen lassen, damit es ihm
nicht vor Weh und Traurigkeit
zersprenge.

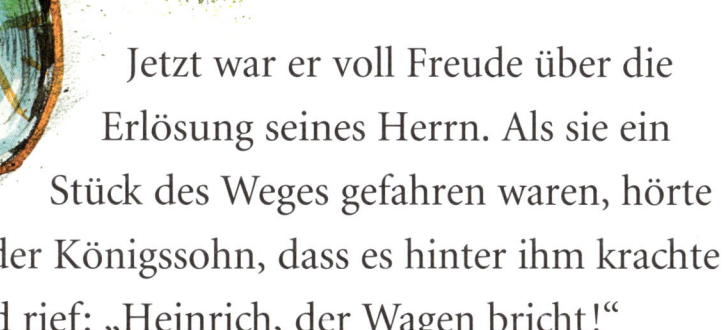

Jetzt war er voll Freude über die
Erlösung seines Herrn. Als sie ein
Stück des Weges gefahren waren, hörte
der Königssohn, dass es hinter ihm krachte
und rief: „Heinrich, der Wagen bricht!"

Doch Heinrich antwortete: „Nein, mein Herr, der Wagen bricht nicht, es ist ein Band von meinem Herzen, das da lag in großen Schmerzen, als ihr in dem Brunnen saßt und in einen Frosch verzaubert wart."

Noch einmal und noch einmal krachte es auf dem Weg und immer waren es nur die Bänder, die vom Herzen des treuen Heinrich absprangen, weil sein Herr nun erlöst und glücklich war.

Die Prinzessin auf der Erbse

Hans Christian Andersen

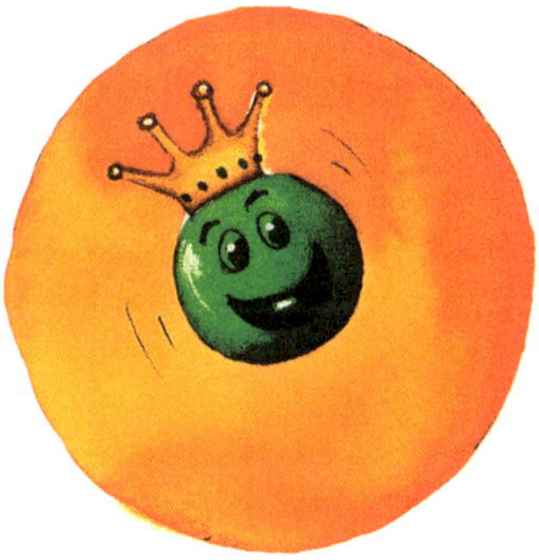

Es war einmal ein unglücklicher Prinz, der wollte gerne eine Prinzessin heiraten. Er suchte landauf, landab, doch er fand keine richtige Prinzessin. Seine Mutter machte ihm die schlimmsten Vorwürfe.

„Du bist zu anspruchsvoll, mein Sohn. Du kennst die hübschesten, intelligentesten und faszinierendsten Prinzessinnen im ganzen Königreich, doch keine genügt dir. Wie kann ich dir nur zu deinem Glücke verhelfen?"

„Ich bedaure, liebe Mutter", antwortete der Prinz, „aber ich möchte eine richtige Prinzessin als Gemahlin und ich bin mir sicher, dass ich sie eines Tages finden werde. Ich habe viele Prinzessinnen kennen gelernt, viele hübsche, viele intelligente und auch viele faszinierende, doch immer hat etwas gefehlt.

Meine Prinzessin muss etwas ganz Besonderes sein."

So machte sich der Prinz auf, seine Prinzessin auf der ganzen Welt zu suchen.

Er besuchte Paläste in Persien, Indien und in Peru, Schlösser in China und Spanien, doch er fand nicht, was er suchte und kehrte traurig und betrübt in sein Land zurück.

Eines Abends, mitten im Winter, zog ein furchtbares Unwetter herauf. Es blitzte und donnerte, der Regen stürzte herab und es war ganz entsetzlich.

Der Prinz war früh zu Bette gegangen, während die Königin und der König noch vor dem Kamin saßen und sich wärmten. „Wie froh bin ich, dass wir hier im Warmen, Trockenen sitzen", sprach der König. „Mir tun all jene Leid, die sich vor dem Unwetter nicht mehr rechtzeitig schützen konnten und sich jetzt im Freien befinden."

„Bei diesem Wetter kann doch niemand mehr unterwegs sein", stimmte die Königin zu, doch just in diesem Moment pochte es an das Tor.

Der König ging, um zu öffnen. Es war eine Prinzessin, die draußen vor dem Tor stand.

Aber wie sah sie vom Regen und dem bösen Wetter aus! Das Wasser rann ihr von den zerzausten Haaren herab und die Schuhe waren voller Schlamm. Sie sagte, dass sie eine wirkliche Prinzessin sei und bat darum, eine Nacht bleiben zu dürfen.

Der König dachte bei sich:
Ich habe noch nie eine echte
Prinzessin gesehen, die
ohne Kutsche den Palast
verlässt. Doch er gewährte
ihr Einlass und geleitete sie
zur Königin. Diese flüsterte
ihm zu: „Das werden wir
gleich erfahren, ob sie
eine echte Prinzessin ist
oder nicht."

Während das Mädchen sich
in dicke Decken hüllte und vor
dem Kamin wärmte, eilte die
Königin in ihr Schlafzimmer,
nahm alles Bettzeug ab und
legte eine Erbse auf den Boden
der Schlafstelle. Dann nahm
sie zwanzig Matratzen, legte sie
auf die Erbse und dann noch
zwanzig Daunendecken oben
auf die Matratzen.

Hier sollte die Prinzessin
nun die Nacht über liegen und
ruhen.

So werden wir herausfinden,
ob sie wirklich eine echte Prinzessin ist, dachte die Königin
und brachte das Mädchen zu
seiner Schlafstelle. „Meine Liebe,
du wirst sicherlich erschöpft
und müde sein, ich selbst habe
dir ein bequemes Bett berei-
tet. So lege dich nun nieder
und schlafe."

Das Mädchen begab sich in das obere Stockwerk und legte sich zu Bette.

Am nächsten Tag wurde es von der Königin gefragt, wie es denn geschlafen hätte. „Oh, furchtbar schlecht", antwortete die Prinzessin, „ich habe fast die ganze Nacht kein Auge geschlossen. Ich weiß nicht, was in meinem Bett gewesen ist.

Ich habe auf etwas Hartem gelegen, sodass ich am ganzen Körper grün und blau bin. Es ist ganz entsetzlich!"

Daran konnte man sehen, dass sie eine wirkliche Prinzessin war, da sie durch die zwanzig Matratzen und die zwanzig Daunendecken die Erbse gespürt hatte.

So feinfühlig konnte niemand sein außer einer echten Prinzessin! In diesem Moment erschien der Prinz, der sofort die Wahrheit erkannte.

Er wusste, dass er vor der
Prinzessin seiner Träume stand
und war trunken vor Glück.

Sein Herz war
voller Freude und der König
ließ im ganzen Königreich
die bevorstehende Hochzeit
des Prinzen mit seiner wirk-
lichen Prinzessin verkünden.

Am Tage der Hochzeit wurde die Erbse in eine Schachtel mit einem kristallenen Deckel gelegt und in die Kunstkammer gebracht, sodass sie ein jeder bewundern konnte.

Noch heute befindet sie sich dort und erinnert an die wahre und einzigartige Liebe des Prinzen für die Prinzessin.

Das hässliche Entlein

Hans Christian Andersen

Eines Morgens im Sommer saß
Mama Ente auf ihren Eiern und
brütete. Sie langweilte sich, da
die Jungen auf sich warten ließen.
Zudem erhielt sie selten Besuch.

Endlich platzte ein Ei nach dem anderen. „Piep, piep", sagten sie, die Eidotter waren lebendig geworden, steckten die Köpfe heraus und sahen sich nach allen Seiten um.

Nur ein Ei, das größte, war noch nicht geplatzt. „Nun, wie geht's?", fragte eine alte Ente, die der Entenmama einen Besuch abstattete. „Dieses Ei braucht recht lange", erwiderte Mutter Ente.

„Glaube mir, es wird ein Kalekuten-Ei", sagte die Alte, „du erkennst es daran, dass dem Jungen bange vor Wasser sein wird."

Endlich platzte das riesige Ei und ein großes, hässliches Küken kroch heraus. Die Ente betrachtete es: „Sollte es wohl ein kalekutisches Küchlein sein? Nun, ich will es ins Wasser stoßen."

Das Junge hatte jedoch keine Schwierigkeiten und tauchte zusammen mit seinen Geschwistern munter umher. Mama Ente betrachtete es zufrieden: „Nein, es ist kein Kalekut, es ist mein eigenes Kind." Doch die anderen Bewohner des Entenhofes fuhren fort, es zu ärgern und wegen seiner Hässlichkeit zu hänseln. Wo sie nur konnten, zwickten und bissen sie es.

Das Junge war darüber sehr betrübt und überlegte sich, ob es nicht weglaufen sollte. Schließlich flog es traurig über die Hecke und landete im Sumpf bei den Wildenten.

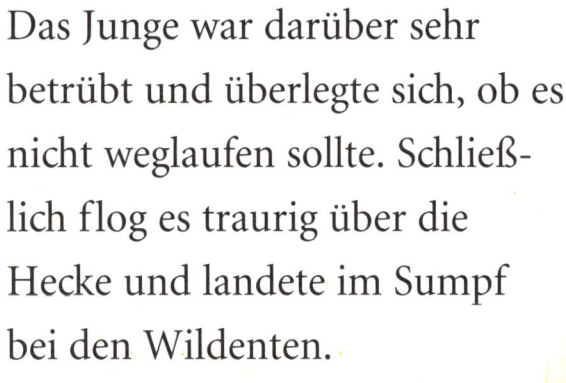

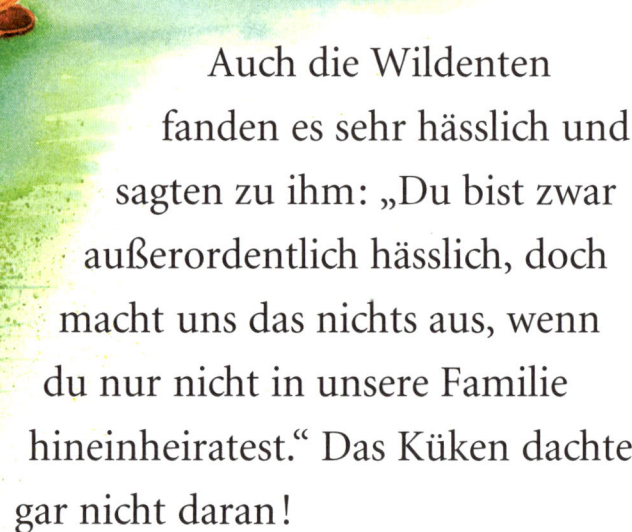

Auch die Wildenten fanden es sehr hässlich und sagten zu ihm: „Du bist zwar außerordentlich hässlich, doch macht uns das nichts aus, wenn du nur nicht in unsere Familie hineinheiratest." Das Küken dachte gar nicht daran!

Eines schlimmen Tages jedoch
erschienen Jäger und töteten
„paff, paff" einige Enten.

Das arme Entlein erschrak
fürchterlich und im selben
Moment stand ein großer Hund
dicht bei ihm. Er zeigte ihm
seine scharfen und spitzen
Zähne und ging wieder –
ohne es zu packen. „Ich bin so
hässlich, dass selbst der
Hund mich nicht beißen mag",
dachte das Entlein traurig
und flüchtete.

Gegen Abend erreichte es eine armselige Bauernhütte, in die es durch einen Spalt schlüpfte. In ihr wohnte eine Alte mit ihrem Kater und ihrer Henne. Am Morgen des darauf folgenden Tages bemerkten die Tiere den Fremdling. Die Katze fing an zu schnurren, die Henne zu glucken.

„Was ist los?", fragte
die Alte und sah sich um.
Da bemerkte sie das Entlein
und dachte, es sei eine fette
Ente. „Ei, nun kann ich
Enteneier bekommen! Wenn
es nur kein Enterich ist, aber
das lässt sich ja erproben."
Das Entlein wurde auf Probe
angenommen, doch es kamen
keine Eier. So beschloss es, in die
weite Welt zu ziehen.

Der Herbst kam, die Blätter
fielen von den Bäumen und dem
armen Entlein wurde sehr kalt.
Eines Abends sah es bei Sonnen-
untergang einen ganzen Schwarm
wunderschöner, großer Vögel
aus den Büschen kommen.

Das Entlein hatte solch schöne
Vögel noch nie gesehen; sie
waren blendend weiß mit langen,
geschmeidigen Hälsen. Es waren
Schwäne. Sie stießen spitze
Schreie aus und hoben sich in
die Lüfte. In diesem Augenblick
überkam das kleine Entlein eine
derartige Sehnsucht, dass es
den Hals zu ihnen emporreckte
und ebenfalls einen so lauten
Schrei von sich gab, dass es
selber erschrak.

Es wusste nicht, dass es
Schwäne waren und wohin sie
flogen, es spürte nur eine
plötzliche und unerklärliche
Liebe für diese wunderschönen
Geschöpfe.

Und der Winter wurde kalt,
so kalt! Das Entlein musste im
Wasser umherschwimmen, um
das völlige Zufrieren desselben
zu verhindern, aber in jeder
Nacht wurde das Loch, in dem es
schwamm, kleiner und kleiner.
Eines Abends war es so matt und
erschöpft, dass es sich hinlegte
und im Eis festfror. Zum Glück
fand es ein Bauer, der es mit zu
sich nach Hause nahm.

Die Kinder wollten mit ihm spielen, doch das Entlein glaubte, sie wollten ihm etwas zuleide tun und fuhr vor Angst in den Milchtopf, sodass die Milch in die Stube spritzte.

Die Bäuerin schrie und schlug nach ihm, die Kinder wollten es fangen. Gut war, dass die Tür offen stand und das Entchen hinausschlüpfen konnte. In die Kälte.
Endlich kam der Frühling!
Da konnte auf einmal das Ent-chen seine Flügel schwingen, sie schlugen stärker als früher und trugen es kräftig davon, in einen Garten, wo die Apfelbäume in voller Blüte standen.

In diesem Moment kamen aus dem Dickicht drei prächtige weiße Vögel. Das Entlein erkannte sie: Es waren die Vögel, die es im Herbst gesehen hatte. „Ich will zu ihnen hinfliegen", dachte es, „auch wenn sie mich zwicken werden, weil ich, der ich so hässlich bin, mich ihnen zu nähern wage."

So schwamm es hinaus ins Wasser, den königlichen Schwänen entgegen. Diese erblickten es und schossen mit gesträubtem Gefieder auf es zu. Das arme Tierchen senkte den Kopf und wartete darauf, gebissen und geschlagen zu werden, doch auf einmal erblickte es in dem klaren Wasser sein Spiegelbild:

Es war ein Schwan! Nun machte es ihm nichts mehr aus, so viel Spott und Drangsal erlitten zu haben. Es war allzu glücklich über seine Schönheit! In den Garten kamen Kinder und riefen:

„Der neue Schwan ist der schönste von allen!" Und so wurde das hässliche Entlein das schönste von allen, doch rühmte es sich nie damit, denn ein gutes IIerz ist nicmals stolz!

Die kleine Meerjungfrau

Hans Christian Andersen

Vor langer, langer
Zeit lebte im Meer ein
König mit seinen sechs
Töchtern. Alle waren wunderschön, doch
die jüngste war die schönste unter ihnen.
Als die kleine Meerjungfrau ihr fünfzehn-
tes Lebensjahr vollendet hatte, erhielt
sie die Erlaubnis, an die Meeresober-
fläche zu schwimmen.

Sie sah ein Schiff, auf dessen Brücke ein wunderschöner Prinz stand, in den sie sich sofort verliebte. Plötzlich zog ein furchtbares Gewitter herauf, das Schiff brach entzwei und wurde von den Wellen verschlungen.

Die Prinzessin eilte, um den Prinzen zu retten, und geleitete ihn ans sichere Meeresufer. Dann versteckte sie sich hinter einem Felsen und wartete darauf, dass jemand kommen würde. Ein Mädchen, das am Strand entlangspazierte, sah den Prinzen und rief um Hilfe: Der Prinz schlug die Augen auf und erblickte als Erstes das Gesicht des jungen Mädchens. Die Meerjungfrau tauchte ins Meer und kehrte in ihr Reich zurück, doch etwas hatte sich verändert: Sie war verliebt!

Sie erzählte weder dem König noch ihrer Großmutter und den Schwestern, was an der Oberfläche geschehen war. Doch begannen sich diese ob ihres Schweigens Sorgen um sie zu machen.

Des Öfteren begab sie sich zum Strand, in der Hoffnung, den Angebeteten dort wieder zu treffen, doch vergebens… Die Zeit verging und die kleine Meerjungfrau wurde immer trauriger. Ihre Großmutter, die feinfühlig die Ursache ihrer Traurigkeit erahnte, beschloss, ihr von einer mächtigen Hexe, die auf dem Meeresgrund lebte, zu erzählen.

„Bitte diese um Hilfe, wenn du in einen Mann
so verliebt bist, dass du zu jedem Opfer
bereit bist, nur um in seiner Nähe
zu sein", sagte sie. „Doch …"
Ohne nur einen einzigen
Augenblick weiter zuzuhören,
schwamm die kleine Meer-
jungfrau los und begab sich
zur Höhle der Zauberin.

Mutig widerstand sie
den Angriffen der Murä-
nen, die sie beißen wollten
und tat so, als spürte sie
die kratzenden Korallen nicht.
Obwohl sie sich fürchtete,
schwamm sie weiter, über-
wand die Hindernisse, die ihr

den Weg versperrten, und gelangte schließlich zur Höhle der Furcht erregenden Frau. Diese war von ihren Dienern schon benachrichtigt worden und erwartete die Prinzessin. Ein entsetzlicher Gestank stieg aus einer kleinen Pfanne, in der eine seltsam anmutende Masse vor sich hin brodelte. „Ich weiß, weshalb du gekommen bist", sprach die Alte lächelnd. „Du bist sehr mutig! Ich will dir gerne helfen, doch dafür soll deine Stimme mir gehören!"

„Du wirst für immer stumm sein und nie mehr eine Meerjungfrau werden. Ebenso wirst du sterben, wenn der Mann, den du liebst, eine andere Frau ehelicht. Was sagst du dazu? Ist dein Wille noch der gleiche?" „Ich habe meine Meinung nicht geändert", erwiderte die kleine Meerjungfrau. „Ich möchte Beine haben, koste es, was es wolle!"

Die Hexe reichte ihr ein
Gefäß mit einem Ekel erregenden Zaubertrank. Diesen
nahm die Prinzessin, lief damit
zu dem Strand, an dem sie
den Prinzen seinerzeit gerettet
hatte, und schluckte ihn. Sie ver-
spürte einen starken Schmerz,
doch kurz darauf verwandelte
sich ihr Fischschwanz in zwei
lange, schlanke Beine. Die
kleine Meerjungfrau wagte vor-
sichtig die ersten Schritte, doch sie
war es nicht gewohnt, zu gehen, und
sie war sehr aufgeregt, sodass sie in den
Sand fiel und ohnmächtig wurde.

Als sie wieder erwachte und die Augen aufschlug, blickte sie in das Gesicht des Prinzen, der sich über sie beugte. Er war auf der Suche nach dem Mädchen, das ihn gerettet hatte. In dieses hatte er sich unsterblich verliebt und war deshalb an den Strand gekommen.

Der Prinz war verzaubert von der Schönheit der kleinen Meerjungfrau und nahm sie mit in seinen Palast. Ihr zu Ehren ließ er große Feste und Empfänge geben und die kleine Meerjungfrau tanzte tapfer und lächelte, obwohl ihr das Gehen nicht wenig Schmerzen bereitete. Die Zeit verging und die Prinzessin spürte, dass sie der Prinz wohl sehr gern hatte, aber nicht liebte.

Er vertraute sich ihr an, wusste er sein Geheimnis bei ihr auch gut bewahrt, da sie stumm geblieben war.

Er erzählte ihr, dass er sich unsterblich in das Mädchen verliebt habe, das er nach dem Schiffbruch am Strand erblickte. Seitdem sei er auf der Suche nach ihr, um sie zu seiner Frau zu machen. Tränen der Verzweiflung und Trauer schimmerten in den Augen der kleinen Meerjungfrau, als sie diese Worte hörte, doch der Prinz dachte, sie weine aus Mitleid.

Eines Tages lud ein König aus einem nahen Lande ihn zu Besuch ein. Wie erstaunt war der Prinz, als er in der Königstochter seine Retterin erkannte!

Auch die junge Prinzessin hatte sich auf den ersten Blick in den schönen Unbekannten verliebt und so wurde flugs der Hochzeitstermin festgelegt. Die Feierlichkeiten fanden auf einem wunderschön und herrlich geschmückten Schiff statt.

Die kleine Meerjungfrau tanzte die ganze Nacht, wohl wissend, dass es ihre letzte sein würde …

Der Prinz hatte eine andere zur Frau genommen und wie die alte Hexe prophezeit hatte, würde sie innerhalb kürzester Zeit sterben.

Doch bedeutete ihr das Leben nun nicht mehr viel, hatte sie doch ihre große Liebe verloren. Inmitten der Wogen wurde

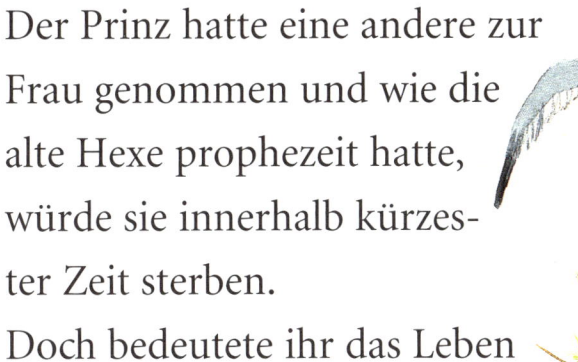

sie plötzlich ihrer Schwestern gewahr: „Wir haben unser Haar der Hexe verkauft, damit sie dir helfe", sagten sie zu ihr. „Vor Sonnenaufgang sollst du den Prinzen töten und deine Beine in sein Blut tauchen. So wirst du wieder zur Meerjungfrau!"

Also nahm die Prinzessin ein Messer, um den Geliebten zu töten, doch fand sie dazu nicht den Mut. Verzweifelt stieß sie sich ins Wasser in dem Glauben, gleich unterzugehen. Doch plötzlich fühlte sich ihr Körper ganz leicht an und die kleine Meerjungfrau befand sich im Reich der Lüfte, in das sie die Töchter des Windes aus Mitleid gebracht hatten. Und so lebte sie nun dort oben, wo der Tod nicht existiert, und bewachte und beschützte das jung verheiratete Paar.

Der Schneemann

Hans Christian Andersen

An einem wunderschönen kalten
Wintertag stand ein Schneemann im Garten
und freute sich. Seine Augen bestanden
aus zwei Stückchen von einem
Dachziegel, sein Mund war ein
alter, zerbrochener Rechen.

Er war soeben von ein paar Schulkindern gebaut worden und blinzelte nun neugierig in die Sonne: „Na, was glotzt du mich so an? Wenn ich nur könnte, würde ich zu dir laufen und dich aus der Nähe betrachten."

Bei diesen Worten mischte sich der alte Kettenhund ein: „Die Sonne wird dich schon laufen lehren. So wie es deinen Vorgängern erging, wird sie es auch dir zeigen. Alle sind geschmolzen!"

Über Nacht wehte ein eisiger Wind, doch kaum dass die Sonne aufgegangen war, erstrahlten die Bäume und Büsche in herrlicher Pracht. Die Zweige waren über und über mit weißem Reif überzogen und glitzerten im

Licht. „Wie wunderschön", rief ein Mädchen, das mit einem jungen Mann in den Garten trat. „Selbst im Sommer gibt es keinen schöneren Anblick!" – „Und so einen Kerl wie diesen findet man im Sommer erst recht nicht", lachte der Mann und zeigte auf den Schneemann. Als sie über den Schnee tanzten, fragte der Schneemann den Kettenhund: „Wer waren die beiden?" „Liebesleute", gab der zur Antwort. „Sie teilen dieselbe Hütte und nagen am selben Knochen." „Kennst du sie gut?", fragte der Schneemann neugierig. „Erzähl mir etwas über sie." Und der Kettenhund antwortete: „Sie gehören zur Herrschaft.

Als ich ein kleines, niedliches Hündchen war, durfte ich auf einem samtenen Stühlchen liegen, sie streichelten und küssten mich. Dann wurde ich älter und sie schenkten mich der Haushälterin. Ich kam in ein kleines Kämmerchen im Keller, in dem zwar weniger Platz war, dafür aber ein Ofen. Im Winter ist ein Ofen wirklich das Schönste von der Welt!" Der Schneemann

bekam vor Staunen immer größere Augen und fragte neugierig: „Sag mir, mein Freund, was ist ein Ofen? Hat er Ähnlichkeit mit mir?"

„Überhaupt nicht!", erwiderte der Kettenhund. „Er ist rabenschwarz und hat einen langen Hals mit einer Messingtrommel. Er frisst Brennholz und spuckt Feuer aus seinem Munde heraus.

An seiner Seite ist es ganz angenehm. Wenn du hineinschaust, wirst du ihn durch das Fenster sehen können." Der Schneemann spähte in das Zimmerchen und erblickte ein schwarzes, glänzendes Etwas mit einer Messingtrommel. „Und warum hast du sie verlassen?", fragte der Schneemann, der der Meinung war, es müsse sich hier um ein weibliches Wesen handeln.

„Ich wurde dazu gezwungen",
erwiderte das Tier. „Sie haben
mich an die Kette gelegt, nach-
dem ich das jüngste Kind ins
Bein gebissen habe."
Der Schneemann wurde noch
neugieriger und blinzelte durch
das Fenster in das Zimmerchen, in dem der Ofen stand.
„Ich verspüre so ein seltsames
Gefühl", sagte er. „Ich muss
diesen Ofen kennen ler-
nen, ich muss ihn
wenigstens

ein einziges Mal sehen. Es ist mein größter Wunsch. In dieses Kämmerlein muss ich gelangen, um ihm nahe zu sein." – „Für einen Schneemann ist diese Sehnsucht eine schlimme Krankheit", entgegnete der Kettenhund. „Du wirst sterben, bist du dir dessen nicht bewusst?"

Der Schneemann verbrachte den Tag vor dem Fenster. Als die Sonne unterging, erschienen das Licht und die Wärme, die der Ofen ausstrahlte, noch heimeliger.

„Ich halte es nicht mehr aus", sagte der Schneemann, die Flammen betrachtend. „Wie schön es ihr steht, die Zunge so herauszustrecken." Die Nacht war lang, doch dem Schneemann ward sie nicht lang, er stand in seine eigenen schönen Gedanken vertieft. Am Morgen waren die Fensterscheiben mit Reif bedeckt, sie trugen die schönsten Eisblumen, die nur ein Schneemann verlangen konnte, doch verbargen sie den geliebten Ofen.

Er würde ihn so lange nicht sehen können, bis die Sonne das Eis geschmolzen hatte.

„Das ist Liebe", seufzte der Kettenhund. „Welch hässliche Krankheit, auch ich litt an ihr, aber ich habe sie überstanden." – „Wir werden anderes Wetter bekommen", fügte er dann hinzu. Und tatsächlich: Kurz darauf kam ein leichter Wind auf und der Schnee begann zu schmelzen. Je kräftiger der Wind blies, desto kleiner wurde der Schneemann. Er beklagte sich jedoch nicht.

Innerhalb kürzester Zeit war er völlig geschmolzen. An seiner Stelle stand ein Besenstiel, um den herum hatten ihn die Knaben gebaut, damit er stabil blieb. „Ja, jetzt begreife ich, dass er so große Sehnsucht hatte", dachte der Kettenhund. „Da ist ja ein Eisen zum Ofenreinigen an dem Stiel, der Schneemann hat einen Ofenkratzer im Leib gehabt."
Und bald darauf war der Winter überstanden, die Kinder sangen im Garten die ersten Frühlingslieder und an den Schneemann dachte niemand mehr.

Rapunzel

Gebrüder Grimm

Es waren einmal ein Mann und eine
Frau, die erwarteten ein Kind. Hinter
ihrem Haus befand sich ein prächtiger
Garten, der voll der schönsten Blumen und
Kräuter stand. Doch wagte sich niemand
hineinzugehen, weil er einer bösen und
mächtigen Hexe gehörte.

Eines Tages stand die schwangere Frau am Fenster und erblickte ein Beet, das mit den allerfeinsten Rapunzeln bepflanzt war. Sie sahen so grün und frisch aus, dass sie das größte Verlangen danach empfand, doch wusste sie, dass sie keine davon bekommen könnte und wurde vor Elend ganz blass.

Der Mann erschrak und fragte besorgt: „Was fehlt dir, liebe Frau?" Und sie antwortete: „Wenn ich keine Rapunzeln aus dem Garten hinter unserem Haus zu essen kriege, sterbe ich." Der Mann, der sie lieb hatte, wollte ihr helfen.

In der Abenddämmerung stieg er über die Mauer, stach in aller Eile eine Hand voll Rapunzeln und brachte sie seiner Frau. Sie bereitete daraus einen Salat, der so gut war, dass er ihre Begierde am nächsten Tag noch steigerte.

Der Mann stieg also in der Abenddämmerung wieder in den Garten und erschrak furchtbar, als auf einmal die zornige Hexe vor ihm stand: „Wie kannst du es wagen, als Dieb in meinen Garten zu klettern und meine Rapunzeln zu stehlen? Das soll dir schlecht bekommen!"

„Lasst Gnade vor Recht ergehen", bat der Mann. „Ich habe mich nur aus Not dazu entschlossen. Meine Frau empfand beim Anblick Eurer Rapunzeln so große Gelüste, dass sie sterben würde, wenn sie keine davon bekommt." „Wenn es sich so verhält", erwiderte die Hexe, „so nimm Rapunzeln, so viele du willst, doch unter einer Bedingung: Du musst mir das Kind geben, das deine Frau zur Welt bringt." In seiner Angst sagte der Mann dies zu.

Als die Frau das Kind gebar, erschien sofort die Zauberin und nahm es mit sich fort. Sie gab ihm den Namen Rapunzel. Rapunzel ward das schönste Kind unter der Sonne und die Zauberin wollte nicht, dass es von anderen gesehen wurde. So schloss sie Rapunzel in einen Turm ein, der in einem Wald lag und weder Treppe

noch Türe hatte, nur ein ganz kleines Fensterchen ganz oben. Wenn die Zauberin hineinwollte, rief sie: „Rapunzel, Rapunzel, lass dein Haar herunter!"

Das Mädchen hatte lange, prächtige Haare, fein wie gesponnenes Gold. Wenn es die Stimme der Zauberin vernahm, so band es seine Zöpfe los, wickelte sie oben um einen Fensterhaken und ließ sie nach unten fallen. Die Zauberin hielt sich an ihnen fest und stieg nach oben. Nach ein paar Jahren trug es sich zu, dass ein Prinz in der Nähe des Turms vorbeiritt. Er hörte den lieblichen Gesang Rapunzels und hielt an, um zu lauschen. Er suchte nach einer Tür im Turm, um zu ihr hinaufzusteigen, doch er fand keine und so kehrte er wieder nach Hause zurück.

Der Gesang hatte ihn so sehr ange-
rührt, dass er von nun an jeden Tag in
den Wald ging. Dort sah er eines Tages,
wie sich die Zauberin dem Turm näherte
und „Rapunzel, Rapunzel, lass dein Haar
herunter!" rief. Da ließ Rapunzel die
Haarflechten herunter und die Hexe
stieg hinauf. Am folgenden Tag, als es
anfing dunkel zu werden, ging der
Prinz zu dem Turm und rief:
„Rapunzel, Rapunzel, lass
dein Haar herunter!"

Anfangs erschrak Rapunzel gewaltig, als ein Mann zu ihr hereinkam, doch fing der Königssohn an, ganz freundlich mit ihr zu reden und erzählte, dass sein Herz von ihrem Gesang so sehr bewegt worden sei, dass er sie unbedingt selbst habe sehen müssen. Da verlor Rapunzel ihre Angst und willigte ein, als er sie fragte, ob sie seine Frau werden wolle. Sie wusste aber nicht, wie sie den Turm verlassen sollte und bat den Prinzen, die nächsten Male etwas Seide mitzubringen.

Daraus wollte sie eine Leiter flechten und herabsteigen, um mit ihm zu fliehen.

Die Alte merkte nichts davon, bis Rapunzel sich einmal verplapperte und sagte: „Wieso ist es mir nur viel schwerer, Euch heraufzuziehen als den jungen Königssohn?" „Ah, du Unglückselige, was muss ich hören?", schrie die Hexe außer sich vor Zorn. „Du hast mich betrogen!" Wütend griff sie nach den schönen Haaren Rapunzels und schnitt sie ab. Dann brachte sie das arme Kind in eine Wüstenei, wo sie es ihrem Jammer überließ.

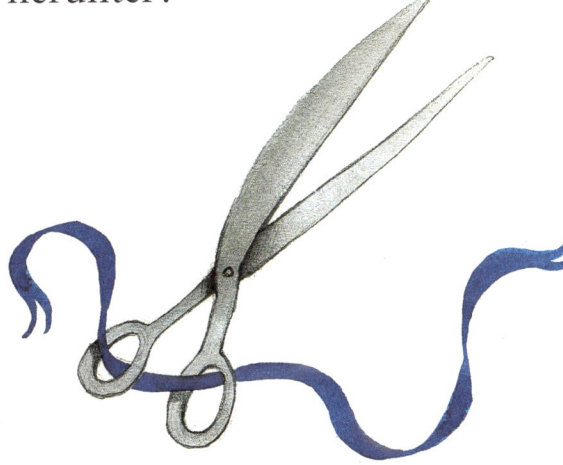

Am Abend machte sie die ab-
geschnittenen Flechten oben am
Fensterhaken fest und ließ die
Haare hinab, als der Königssohn kam und rief: „Rapunzel,
Rapunzel, lass dein Haar
herunter!"

Der Prinz stieg hinauf und
fand oben die böse Zauberin, die
ihn mit giftigen Blicken ansah:
„Aha", rief sie höhnisch, „du
willst die Liebste holen, doch du
wirst sie nie wieder sehen!" Der
Königssohn geriet außer sich
vor Verzweiflung und stürzte sich
vom Turm hinab. Die Dornen,
in die er fiel, zerstachen ihm die
Augen und so irrte er blind im
Wald umher.

Nach einigen Jahren kam er in die Wüstenei, wo Rapunzel kümmerlich lebte. Ihr lieblicher Gesang führte ihn zu ihr. Rapunzel weinte, als sie ihn erkannte und ihre Tränen benetzten seine Augen, sodass er wieder sehend wurde. Der Prinz nahm Rapunzel mit in sein Reich, wo sie noch lange glücklich und vergnügt zusammen lebten.